NOTICES

SUR

LES ÎLES DE L'ASIE ORIENTALE.

EXTRAIT N° 2 DE L'ANNÉE 1861

DU JOURNAL ASIATIQUE.

NOTICES

SUR

LES ÎLES DE L'ASIE ORIENTALE,

EXTRAITES

D'OUVRAGES CHINOIS ET JAPONAIS,

ET TRADUITES POUR LA PREMIÈRE FOIS SUR LES TEXTES

ORIGINAUX,

PAR LÉON DE ROSNY,

MEMBRE DU CONSEIL DE LA SOCIÉTÉ ASIATIQUE DE PARIS,
SECRÉTAIRE PERPÉTUEL DE LA SOCIÉTÉ D'ETHNOGRAPHIE,
ASSOCIÉ CORRESPONDANT DE LA SOCIÉTÉ ORIENTALE DE NEW-HAVEN (ÉTATS-UNIS),
CHARGÉ
PAR S. E. LE MINISTRE DE L'INSTRUCTION PUBLIQUE
D'UNE MISSION SCIENTIFIQUE
POUR LA COMPOSITION D'UN DICTIONNAIRE JAPONAIS-FRANÇAIS-ANGLAIS, ETC.

PARIS.

IMPRIMERIE IMPÉRIALE.

M. DCCC LXI.

NOTICES

SUR

LES ÎLES DE L'ASIE ORIENTALE,

EXTRAITES D'OUVRAGES CHINOIS ET JAPONAIS,

ET TRADUITES POUR LA PREMIÈRE FOIS SUR LES TEXTES

ORIGINAUX.

———

Les notices suivantes sont consacrées aux trois groupes d'îles qui forment l'archipel de l'extrême Asie : le Japon ou Nippon, Yéso et les Lou-tchou. Elles sont extraites de plusieurs ouvrages chinois et japonais, sur lesquels il ne me paraît pas inutile de dire quelques mots.

Le premier, intitulé 諸番志 *Tchŭ-făn-tchì*, appartient à une grande collection, intitulée *Han-háï*. Il a été rédigé sous la dynastie des Soung (960-1260 de notre ère) par *Tcháo Joù-kouŏh* et revu par *Lí Tĭao-yoúen*. Pendant longtemps le texte original du *Tchŭ-făn-tchì* a été considéré comme perdu. Les notices qu'il renferme sont d'une grande autorité en Chine. Les unes sortent des annales des Soung, les autres leur servent en quelque sorte de complément. Peu explicites sous le rapport des faits historiques qu'elles mentionnent, dit un bibliographe indigène, elles sont au contraire très-riches au point de vue des mœurs, du climat et des productions des pays dont elles parlent; en un mot, « c'est un ouvrage sur lequel les historiens peuvent s'appuyer [1]. »

Le second ouvrage, le 和漢三才圖會 *Wa-Kan San-saï dzou-yé*, est connu des orientalistes sous le nom de *Grande Encyclopédie japonaise.* La partie géographique de cette précieuse collection ne renferme pas moins de cent cinq livres, et contient une foule de notices intéressantes sur les peuples connus des Japonais au commencement du xviiie siècle [2], date à laquelle remonte sa publication. Abel Rémusat a rédigé un index des différentes sections de cette encyclopédie [3], à l'exception de la moitié du livre XV [4], dont l'exemplaire de la Bibliothèque impériale avait alors été privé au bénéfice de la collection particulière d'un célèbre orientaliste de l'époque.

La connaissance de la langue chinoise ne suffit point pour traduire les notices que renferme cet ouvrage, surtout les notices géographiques. Un sinologue étranger à l'idiome indigène du Japon se verrait sans cesse exposé aux plus regrettables erreurs. Il lirait, par exemple, la capitale de l'île de Yéso, comme l'a fait un célèbre orientaliste [5], *Mats-zen*, tandis que les deux caractères 松前 qui la représentent doivent être lus *Mats-mayé*; ou bien il transcrirait 加良不止 *Kia-liang-pou-tchi* des caractères qui ne sont autre chose que la notation en lettres du syllabaire japonais *Man-yò-kana* du nom de l'île Krafto (*Ka-ra-fou-to*). Il faut donc, pour lire un nom propre japonais écrit en caractères chinois, savoir

[1] Voy. la notice sur le *Tchu-fān-tchi*, dans le *Kin-ting-sse-k'oŭ-ts'ŭen-chou-s'ong-mouh.* (Catal. de la Biblioth. impér. de Pé-king, liv. LXXI, fol. 9.)

[2] La préface de l'éditeur japonais est datée de la troisième année de l'ère *Seï-tok*, ou 1713 de notre ère, sous le règne de Naka Mikado.

[3] Dans les *Notices et extraits des manuscrits de la Bibliothèque royale*, vol. XI.

[4] De la page 43 à la page 52.

[5] *Notices et extraits des manuscrits de la Bibliothèque royale*, t. XI, p. 520.

distinguer ce qui est noté en signes phonétiques d'un des différents syllabaires usités au Japon, de ce qui doit être lu, soit par la prononciation sinico-japonaise des signes idéographiques, soit par leur traduction dans la langue nationale du Nippon.

Les deux notices sur les Yéso, également extraites de l'*Encyclopédie japonaise,* appartiennent à deux parties distinctes du recueil, la première à la section ethnographique, la seconde à la section géographique.

Enfin le troisième ouvrage, le 地圖綜要 *Ti-t'ôu-tsòung-yāo*, est une géographie en trois volumes grand in-8°, publiée pour la première fois sous la dynastie des Ming (1368-1616). Les deux premiers tomes sont consacrés à la géographie de la Chine proprement dite et à la description de ses provinces. Le troisième tome, celui auquel nous avons recouru, traite des pays en dehors de la Chine (*wài-kouĕh*). Une collection de cartes extrêmement curieuses accompagne le texte et en facilite l'intelligence. Ces cartes, d'une projection bizarre, où les sinuosités des vagues et les contours des rochers frappent tout d'abord la vue, sont cependant dressées avec un certain soin et mettent en relief les localités importantes. L'exactitude est peu observée dans les distances qui séparent les îles tant entre elles qu'avec le continent ; on voit cependant qu'on s'est efforcé de leur assigner une position relative aussi exacte que les connaissances de l'époque le permettaient aux géographes chinois qui ont collaboré à cet ouvrage.

Les renseignements renfermés dans les notices que nous avons traduites concordent généralement de la manière la plus remarquable avec les données que l'on possède sur l'Archipel japonais et son histoire. Quelques faits cependant auront besoin d'être ultérieurement discutés, et, livrés à la critique, ils seront peut-être d'un grand intérêt pour l'histoire et la géographie de ces contrées aux époques où ont écrit les auteurs dont nous publions des extraits. Les citations historiques relatives aux communications entre la Chine et le Japon sont d'une parfaite exactitude, ainsi que l'on pourra s'en convaincre par les notes dans lesquelles nous avons rapporté les témoignages japonais qui mentionnent les mêmes faits. On jugera par là combien l'étude de la littérature des deux pays peut fournir d'éclaircissements pour leur histoire réciproque et pour l'élucidation de tous les faits qui s'y rattachent.

L'EMPIRE JAPONAIS [1].

L'empire japonais est situé au nord-est de Tsiouen-tchœou[2]. On le désigne aujourd'hui sous le nom de *Nippon*, parce qu'il est proche de la région où le soleil se lève[3]. On l'appelle également 惡 舊 *'O-kïeou*. Sa superficie est de plusieurs milliers de *li*. Au sud-ouest il aboutit à la mer, et au nord-est il est borné par de grandes montagnes[4]. Au delà de ces montagnes se trouve le pays des *Máo-jîn* « hommes velus[5] ». Le tout forme cinq territoires im-

[1] *Tchū-fān-tchï*, première section, fol. 4o, v°.

[2] *Ts'ïouen-tchœōu* (dans le dialecte local : *Tchouân-tchœóu*) « la région des sources » est une des plus importantes divisions de la province du Fouh-kien.

[3] Le mot *Nip-pon*, qui correspond au japonais ヒノモト *fi-no moto*, signifie littéralement « origine du soleil. » C'est de la prononciation chinoise de ce mot, *Jïh-pœn*, qu'est venu notre mot *Japon*.

[4] Le nord-est du Japon, primitivement habité par des peuplades de la race aïno, n'a été connu qu'assez tard des conquérants venus du sud. Le détroit de Tsougar, qui sépare la grande île du Nippon de Yéso, paraît avoir été traversé pour la première fois par les Japonais au milieu du VIIe siècle de notre ère. Jusque-là on avait considéré les hautes montagnes du nord comme les limites de la *terra cognita*.

[5] On désigne généralement sous le nom *Máo-jîn* (en japonais *Mô-*

périaux, sept provinces, trois îles, trois mille sept
cent soixante et douze villages, quatre cent qua-
torze relais et environ huit cent quatre-vingt-trois
mille *ting*.

Le pays est très-montagneux et très-boisé : il n'y
a pas de bonnes terres labourables. Les habitants
aiment la navigation et se peignent le corps. Ils se
prétendent descendants de *T'àï-pĕh*[1]. Ils disent en
outre que, dans la haute antiquité, ils envoyèrent des
ambassadeurs en Chine. Tous se donnaient le titre
de *Ta-fou*. Jadis, le fils de Chao-kang[2], de la dynastie
des Hia, fut institué prince à *Kwaï-ki*[3].

Ils se rasent les cheveux et se peignent le corps
pour éviter les attaques des crocodiles et des dra-
gons. Aujourd'hui les Japonais plongent dans l'eau
pour prendre des poissons, et se peignent le corps
pour s'emparer des animaux aquatiques. Ils cal-
culent leurs distances de l'est de *Kwaï-ki*.

zin) les populations qui habitent aujourd'hui Yéso et quelques parties des Kouriles, mais qui occupaient primitivement le nord et l'est
de l'île du Nippon. On les désigne aussi, pour cette raison, sous le nom
de *Toung-i* (japonais *Tô-i*). Ce nom leur a été conservé, bien qu'ils
soient aujourd'hui pour le Japon « les barbares du nord » et non
ceux de l'est. La grande histoire du Japon intitulée *Nippon-ki* désigne
ces anciens autochthones de l'Archipel japonais sous le nom de エビス
Yébisou. (Cf. *Wa-kan won-seki Syo-gen-ci-kó*, s. v. YÉBISOU.)

[1] Nom d'un personnage célèbre de la dynastie des Chang, qui vi-
vait au xiiie siècle avant notre ère, et dont il sera question plus loin.

[2] Chao-kang commença à régner en 2118 avant notre ère.

[3] La province de *Kwaï-ki* comprenait, sous les Tsin et sous les
Tang, le Tché-Kiang, le sud du Kiang-nan et le nord du Fouh-kien.
Le très-regrettable Éd. Biot l'écrit à tort *Hoei hi*. (Voy. *K'ang hi-tse-
tien*.)

La monarchie est héréditaire chez les Japonais ; ils comptent de la sorte une lignée de soixante générations sans changement de dynastie [1]. Les lettrés et les militaires ont également des charges héréditaires. Les hommes se vêtent de larges pièces d'étoffe qu'ils attachent au moyen d'une épingle, car ils ne font pas usage de coutures. Les vêtements des femmes sont comme un suaire : elles y entrent par un trou, qui est la seule ouverture. Elles font usage de deux ou trois pièces d'étoffe. Toutes laissent croître leurs cheveux et marchent pieds nus.

Les Japonais possèdent des livres chinois, tels que les cinq *King*, les œuvres de Peh-lo-tien [2], etc. Tout cela provient de la Chine.

Ce qui est propre au pays, ce sont les cinq espèces de fruits et un peu de blé. Pour commercer, ils font usage de monnaies de cuivre, sur lesquelles ils mettent les caractères 乾文大寶 *K'ien-wœn-tà-pào*. Ils ont des buffles, des ânes, des moutons, des rhinocéros, des éléphants, etc. Ils ont en outre de l'or et de l'argent, de fines étoffes, des tissus à fleurs. Il y croît des pins et des *lô-moŭh*, qui s'élèvent à une hauteur de cent quarante à cent cinquante pieds et mesurent un diamètre d'environ quatre pieds. Les

---

[1] On pourrait induire de ce passage que la notice du *Tchŭ-fàn-tchï* a été rédigée sur des documents recueillis quelques années avant la fondation de la dynastie des Soung (960-1260 de notre ère), car le règne du soixante et unième mikado ou empereur du Japon, *Syou-zyak ten-wô*, ne remonte qu'à l'année 931 de notre ère.

[2] Poëte célèbre de la dynastie des Tang.

indigènes les taillent en planches et les transpor-
tent dans de grands navires à Ou-tsiouen pour les
vendre. Les hommes de Tsiouen vont rarement au
Japon.

Les Japonais ont deux sortes d'instruments de
musique, des instruments chinois et des instruments
coréens, des sabres, des boucliers, des arcs, et des
flèches dont ils font les pointes en fer, mais qui ne
vont pas loin quand ils tirent, parce que dans ce
pays on n'étudie pas l'art de combattre. Ils ont de
grandes maisons, dans lesquelles le père et la mère,
le frère aîné et le frère cadet couchent dans des
chambres différentes. Ils se servent d'écuelles [1] pour
boire et pour manger.

Pour leurs mariages, ils ne font pas usage de pré-
sents de noces. Pour les funérailles, ils n'ont pas
de double cercueil. Ils élèvent un monticule de
terre et en font un tombeau. Dans la première période des obsèques, ils poussent des cris, versent
des larmes et ne mangent pas de viande. Une fois
les funérailles terminées, toute la famille entre dans
l'eau et se lave le corps, afin d'écarter les mauvais
présages, et, lorsqu'ils veulent faire une grande en-
treprise, ils brûlent les ossements pour observer les
pronostics fastes ou néfastes.

Ils ne connaissent pas bien les quatre saisons, et
comptent les années d'après le nombre des récoltes,
qui se font en automne.

Les hommes vivent très-vieux et atteignent gé-

---

[1] En chinois : *tsóu táòu* « vases pour les sacrifices. »

néralement de quatre-vingts à quatre-vingt-dix ans. Leurs femmes ne sont ni débauchées ni jalouses. Ils n'aiment pas les procès. Quant à ce qui concerne la pénalité, lorsqu'il s'agit d'un grand crime, la famille du coupable est anéantie; lorsqu'il s'agit d'un délit moins grave, on confisque la femme et les enfants. Ils payent le tribut en or et en argent. L'or se tire de Youèh-tchœou, qui est situé à l'est de ce pays.

Depuis la dynastie des Han postérieurs [1], le Japon a entretenu des relations avec la Chine. Sous les Weï [2], les Tsin [3], les Soung [4], les Souï [5] et les Tang [6], il a envoyé des ambassadeurs apporter le tribut à la cour.

Sous la dynastie actuelle, la première année de la période *Yõung-hī* [7], un bonze japonais nommé 奝然 *Tao-jèn* [8] se rendit par mer, avec cinq ou six disciples, dans notre pays, et y apporta en présent des vases de cuivre d'une rare perfection. L'empe-

---

[1] De 947 à 949 de notre ère.

[2] De 221 à 265.

[3] De 265 à 420.

[4] De 420 à 479.

[5] De 581 à 618.

[6] De 618 à 907.

[7] La première année de la période *Yõung-hī* répond à l'an 984 de notre ère, sous le règne de l'empereur Taï-tsoung, de la dynastie des Soung.

[8] *Tao-jèn*, en sinico-japonais *Tcó-nen*, moine du mont *Yeï-san*, appartenait à la famille des *Fousi-wara*. Après avoir habité cinq ans la Chine, où il reçut le plus grand accueil de l'empereur *Taï-tsoung*, il revint au Japon en l'an 987 et y apporta plusieurs ouvrages chinois, notamment le *Hiao-king* ou « Livre de la piété filiale. » Il mourut en 1016 et reçut le titre posthume de *Kó-zi daï-zi*.

reur Taï-tsoung le reçut en audience et lui donna pour résidence la pagode *T'ài-p'íng-hīng-kouĕh-szì* (litt. la pagode du pays où abonde la grande paix); il lui fit en outre présent d'un vêtement violet et le combla de faveurs. Il apprit de lui que les souverains du Japon formaient une seule lignée de descendants [1], que les mandarins eux-mêmes se succédaient de père en fils. C'est pourquoi l'empereur poussa un soupir, et, s'adressant à son ministre *Sòng-k'î*, surnommé *Li-fáng*, lui dit :

« Chez les barbares de ces îles, le pouvoir se perpétue indéfiniment, et les magistrats, par ce principe d'hérédité, se succèdent sans interruption. N'est-ce pas la voie de l'antiquité? »

C'est ainsi que les barbares d'une île ont causé de l'émotion à l'empereur Taï-tsoung. Ne seraient-ils pas, par hasard, les descendants de ces barbares dont Taï-peh [2] changea jadis les mœurs à l'aide des institutions de la Chine?

[1] En effet les *mikado* ou souverains et pontifes du Japon ne forment qu'une seule et même famille de princes, qui sont tous censés descendre de *Zin-mou Ten-wó*, fondateur de l'empire au VIIe siècle avant notre ère. En fait de dynasties, les Japonais n'en reconnaissent que trois successives, les deux premières fabuleuses, et la troisième celle des *nin-wó* ou « souverains humains, » qui règne encore de nos jours, sinon de fait, au moins nominalement à Myako, capitale de l'Archipel.

[2] *T'ài-pĕh*, oncle du vertueux et célèbre *Wœn-wáng*, et fils aîné de *Kóu-kōng*, à la mort de ce prince, abandonna la cour pour ne pas causer d'embarras à son père, qui paraissait désirer pour successeur son plus jeune frère *Ki-lih*. Il se retira alors chez les *Kīng-mán*, au sud du fleuve Kiang, dans la province du Kiang-nan. Rappelé bientôt par Ki-lih pour régner sur le pays de *Tchœou*, conformément à la der-

AUTRE NOTICE.

La géographie chinoise *Tï-t'óu-tsòung-yão* [1] confirme ainsi qu'il suit une partie des données que renferme la notice précédente :

Le Japon, ancien royaume des *Wŏ-nóu*, est gouverné par une dynastie de souverains héréditaires. L'empire se compose de cinq territoires impériaux, de sept provinces et d'environ une centaine de pays tributaires. Les empereurs de la Chine des dynasties des Han, des Tang et des Soung ont reçu leur tribut. L'empereur Chi-tsou [2], de la dynastie des Youen, les invita à venir lui rendre hommage; mais il ne put y réussir. Sous la dynastie actuelle [3], au commencement de la période *Hóung-wóu* (1368-1398), ils ont envoyé une ambassade à la cour [4] apporter le tribut. Dans la période *Yóung-löh* (1403-1414), ils reçurent des lettres d'investiture [5].

nière volonté de Kou-kong, il s'y rendit pour assister aux obsèques, mais refusa absolument de prendre en main les rênes du gouvernement, insistant sur ce que Ki-lih était celui que son père avait réellement souhaité pour héritier. Il s'en retourna donc chez les Kingmân, où il répandit les doctrines des anciens sages et fonda le royaume de *Oú*, en 1229 avant notre ère.

[1] *Tï-t'óu-tsòung-yão,* section des peuples étrangers, fol. 201.

[2] Régnait de 1264 à 1265 de notre ère.

[3] La dynastie des *Ming* (1368-1616).

[4] Cette ambassade, à la tête de laquelle se trouvaient deux bonzes nommés *Tsyou-sin* et *Bćó-sa,* quitta le Japon la 1re année de l'ère *Wo-an,* et la 16e du règne du mikado *Kwó-gon II* (1368 de notre ère).

[5] Le onzième mois de la 10e année de l'ère *Wó-yći* (1403), sous le règne du mikado *Ko-mats II,* l'empereur *Tching-tsou-Houng-ti* envoya au Japon un ambassadeur avec des lettres pour notifier son

Mœurs. — Ils se tracent des figures noires sur la face, se tatouent le corps, laissent flotter leurs cheveux et marchent nu-pieds. Ils ne prennent pas de femme du même nom de famille que le leur. Dans la première période du deuil, ils s'abstiennent de vin et de viande. Ils croient aux sorciers, aiment le théâtre, prisent hautement les lettres et les livres, et cultivent le bouddhisme. Pour commercer ils font usage de monnaies de cuivre qui portent pour inscription les mots 乾文大寶 *K'ien-wœn-tà-páo.*

Productions. — Les produits du Japon sont : de l'ambre, du cristal (de trois couleurs, du vert, du rouge et du blanc), des perles blanches, du jade vert, des *tala*[1], de fines soieries, des pierres à broyer l'encre, des huîtres, des ornements d'écaille, des éventails, de l'étoffe à fleurs, et du vernis.

KA-ï, LES YÉSO [2].

Le pays des Yéso forme une île située au nord-est du Nippon (la principale île de l'Archipel japonais). La carte de cette contrée se trouve dans la section intitulée *Tsien-ti-li-pou.*

On lit dans le *Nippon-ki* (Histoire du Japon), à

avénement au trône. L'année suivante (1404), il vint une nouvelle ambassade de Chine. On cite encore, sous la période *Yòung-lŏh,* un ambassadeur envoyé par la cour de Chine, qui se nommait *Liu-youen.*

[1] *Borassus flabelliformis,* Linn.

[2] *Wu-Kan San sai dzou-yé* (Encyclopédie japonaise), section des peuples étrangers, liv. XIII, fol. 22 et suiv.

la fin du règne du mikado *Keï-kô Ten-wô* (de 71 à 130 de notre ère)[1] :

« Au milieu du territoire des barbares orientaux se trouve le pays de 日高見 *Jïh-kāo-kïen*. Le peuple de ce pays, hommes et femmes, forme des nœuds avec ses cheveux et se trace des signes sur le corps. Les hommes sont robustes et courageux. On dit généralement que le sol des Yéso est fertile et étendu. Les hommes vivent pêle-mêle avec les femmes, sans qu'il y ait de distinction entre le père et le fils. L'hiver, ils habitent des cavernes ; l'été, ils demeurent dans des cabanes. Ils ont des peaux pour vêtements et boivent du sang. Les frères aînés et les frères cadets doutent mutuellement les uns des autres. Ils grimpent sur les montagnes comme des oiseaux, et marchent dans les herbes comme des bêtes sauvages. S'ils reçoivent des bien-faits, ils les oublient aussitôt. S'ils éprouvent une injustice, ils ne manquent pas d'en tirer vengeance. Aussi cachent-ils une flèche dans leur chevelure et un poignard dans leurs vêtements. »

---

[1] Ce règne fut en partie occupé par les révoltes des Yéso et des diverses tribus désignées sous le nom de *Yébisou* « sauvages, » que les mikado cherchaient à refouler vers le nord ou à anéantir. C'est à la même époque que parut le fameux prince *Yamato-také*, dont les exploits contre ces autochthones du Nippon sont très-vantés dans les historiens japonais.

YÉSO-SIMA, L'ÎLE DE YÉSO [1].

Yéso, en chinois 蝦夷 *Hia-î* « les barbares à crevettes » ou 獲服 *Hoĕh-foŭh*, a également les noms de アツマヱビス *Atsouma yébisou*, en chinois 東夷 *Tŏung-î* [2], « les barbares orientaux, » en chinois 日高見國 *Jih-kāo-kìen-kouĕh; Mó-zin kok*, en chinois 毛人國 *Mâo-jîn kouĕh* « le pays des hommes velus [3]. »

Yéso est situé au nord du Nippon (la principale île de l'Archipel japonais) : c'est une île. Cette terre est longue du sud au nord; de ce dernier côté elle avoisine le pays de 韃靼 *Tattan* « les Tatars ou Tartares. » Du côté de l'est il y a l'Océan. Les montagnes y sont en grand nombre et tellement raboteuses qu'on ne peut pas voyager par terre.

Il y a un grand fleuve nommé 石加利河 *Isi-kari gava* [4], dont les eaux abondantes courent sur

---

[1] *Wa-Kan San-saï dzou-yé* (Encyclopédie japonaise), section géographique, liv. LXIV, fol. 12.

[2] Il règne parfois une certaine incertitude sur le peuple désigné sous le nom *Tŏung-î*. Morrison en fait le nom primitif de la Corée. Dans les ouvrages japonais cette expression ne paraît pas présenter de doute. D'ailleurs l'encyclopédie *Kin-mó-dzou-i* dit en propres termes que « les barbares de l'est sont les habitants de l'île de Yéso (*tô-i va yeso bito nari*). »

[3] Le *Syo-gen-zi-kô* donne également comme synonyme de Yéso le mot エミレ *yémisi*, et l'encyclopédie *Kin-mó-dzou-i* (liv. VI, fol. 26) les cite sous le synonyme de *figasi-no yébisou*.

[4] Ce fleuve, qui baigne la plus grande partie de la région occi-

les rochers. On ne peut pas traverser ce fleuve à gué, ni le remonter dans une embarcation : de là vient qu'on ne sait pas encore à combien de milles (*ri*) est sa source.

Au sud de cette île, sur la mer, se trouve le port de 松前 *Mats-mayé* : c'est là que réside le gouverneur japonais de Yéso.

Dans ce pays, il n'y a pas de riz, de céréales, de sel ni de soie. Ils ne font usage ni d'or, ni d'argent, ni de monnaies. Ils ignorent l'art d'écrire [1].

Les productions du pays des Yéso sont : des peaux de cerf, d'ours et de loutre de mer [2]; des doris sèches [3], des chiens de mer [4], des saumons [5], des harengs et du caviar [6]; des éponges, des espèces d'huîtres [7], etc.

dentale de Yéso, prend sa source dans les montagnes du nord de l'île et se jette dans le golfe de Strogonov.

[1] Les Japonais ont imaginé d'appliquer leur écriture à la langue aïno, et ont écrit quelques textes de cet idiome avec les signes de leur syllabaire; mais il ne paraît pas que les indigènes de Yéso aient encore songé à écrire leur langage.

[2] *Enydris marina;* en japonais, ラツコ *rakko;* en aïno, ウタ *outa,* et カクラウタ *kakoura outa;* en aïno, エリ *yéri.*

[3] En japonais, スリコ *Iri-ko.* C'est une espèce de *doris* ou holothurie, appelée par les Hollandais *kaffer kull.*

[4] En japonais, ヲツ トセイ *ottoseï;* en aïno, ウチウ *ounéo.* Le mâle est appelé par les Yéso ヲンチブ *onnep,* et la femelle ホヲマツブ *howo-matsoup.*

[5] *Salmo lagocephalus.* En japonais, サケ *saké;* en aïno シベ *sibé.*

[6] Ce nom correspond au chinois 鰊 *toung.* C'est une espèce de petit hareng, dont le caviar (*krsouno-ko*) est très-recherché.

[7] *Heliotis japonica;* en japonais, アハビ *avabi;* en aïno, アイベ *aïbé.* Cette espèce d'huître, que les Hollandais appellent *klipzuyer,* passe

Distances. — De *Mats-mayé* (松前) à *Tsougar* (津輕), on compte par mer quinze milles japonais (*ri*).

De *Mats-mayé* à *Nottoro* (乃都登呂), on compte quatre cent quatre-vingts milles.

De *Mats-mayé* à *Sôya*[1] (曾宇夜), on compte trois cent quatre-vingts milles.

De *Sôya* à *Karafto* (加良不止), on compte quarante-trois milles.

Une autre section du *Wa-Kan-San-saï dzou-yé* nous fournit la liste suivante des produits provenant de Mats-mayé, capitale de l'île de Yéso :

Les produits de Mats-mayé sont : des faucons[2], des cigognes[3], des mava[4], des saumons séchés[5], des baleines[6], des éponges, des peaux de loutre de mer, d'ours et de cerfs[7], des phoques, des saumons[8], des

pour avoir été la nourriture des premiers habitants du Nippon. A ce titre, elle figure encore dans tous les dîners de cérémonie.

[1] *Sôya* est le poste japonais le plus avancé au nord de l'île de Yéso.

[2] En japonais, タカ *taka* (*falco communis*).

[3] En japonais, ツル *tsourou*.

[4] En japonais, 眞マ羽ハ *ma-va*.

[5] M. Gochkievitch explique le mot カラザケ par Сушеная рыба изъ рода семги « poisson séché du genre saumon. »

[6] En japonais, カド *ka-do*; en aïno, *founbeï*.

[7] En japonais, クヂラ *koudzira*. L'auteur écrit à tort クヂテ *koudzité*.

[8] *Otaria ursina*; en japonais, アサラシ *asarasi*; en aïno, *toukari*. Le vocabulaire aïno-japonais *Ka-i fô-gon* cite un assez grand nombre de noms de diverses espèces ou variétés de phoques.

veaux marins[1], des loutres[2], des ours de mer[3], du sable d'or[4], de l'aimant[5], etc.

Le royaume de Lou-tchou est situé à l'est du pays actuel de Tsiouen-tchéou[7]. En barque, l'on s'y rend en cinq ou six jours. Le nom de famille du roi est 歡斯 *Houan-sse*[8]. Les indigènes l'appellent

____

[1] En japonais, 胡獀 *todo.* « Cet animal habite la mer de Mats-mayé. Tant par son extérieur que par son goût, il ressemble au chien de mer, mais il est plus grand. Il aime à fermer les yeux, et s'endort toujours à la surface de l'eau, ce qui est surprenant. L'espèce que les *hon-zo* appellent *kaï-lar* ne serait-elle pas la même espèce? Dans ce cas, le *kaï-lar*, le *wottot*, l'*amositsouyeï* et le *todo* seraient quatre variétés de la même espèce, bien que distinctes entre elles. » (*Encycl. japonaise*, liv. XXXVIII, fol. 31.)

[2] En japonais, 獺豆不 *netsoupou*. Cette espèce de loutre se trouve dans la mer de Yéso, et mesure quatre à cinq coudées (*tchi*); sa couleur est noire.

[3] En japonais, 阿毛志豆平 *amositsouyeï*, espèce de phoque. On désigne en aïno, sous le nom d'*amoussiyé*, une sorte d'amphibie qu'on a identifiée au chinois *chóuï-pào* « léopard d'eau. »

[4] En japonais, スナカ子 *souna-kane.*

[5] En japonais, シシヤク *si-syak.*

[6] *Tchŭ-fān-tchĭ*, section des peuples étrangers, fol. 38. (Rec. *Han-háï.*)

[7] Dans la province Fouh-kien. (Voy. ci-dessus, p. 360.)

[8] Je crois que ce nom est une altération du mot 按司 *An-zi*, qui désignait la classe noble et princière qui conquit la souveraineté des îles *Lou-tchou*, au XIIᵉ siècle; ou bien il faut y voir le nom du prince héréditaire 和牟之 *Wan-si*. (*Encycl. japon.* liv. XIII, fol. 22.)

可老 *Ko-lao.* Sa résidence se nomme 波羅檀 *Po-lo-tan*[1]. Elle est entourée d'antres, de fossés et de palissades, et baignée d'eau courante. On y a planté des arbustes épineux pour servir de bornes. Sur les grandes murailles qui la circonscrivent, on a sculpté des animaux.

Les hommes et les femmes s'attachent les cheveux avec des cordes de soie blanche, de manière à former un chignon sur le derrière de la tête. Ils se font des vêtements moitié soie et moitié laine, dont la coupe est très-variée. Ils tressent le lin pour s'en faire des chapeaux, qu'ils ornent ensuite de plumes.

Les soldats ont des sabres et un petit nombre d'arcs, de flèches, de poignards, de tambours, etc. Ils emploient des peaux d'ours ou de léopard pour se faire des cuirasses. Ils gravent des figures d'animaux sur leurs chars, et les font accompagner tout au plus par quelques dizaines d'hommes[2]. Ils ne payent ordinairement pas d'impôts, mais lorsqu'une guerre vient à éclater, ils lèvent une taxe générale, sans connaître de mesure. Les différentes périodes lunaires leur servent à la supputation des temps.

[1] On lit dans le *Wu-Kan San-saï-dzou-yé* : « Le royaume de Lou-tchou forme une ile située au sud-est de la province de Fouh-kien, et au sud-ouest de la province de *Satsouma,* au Japon. Sa capitale se nomme *Nafa.* » (Liv. LXIV, fol. 10.)

[2] Suivant le *Li-ki* (Livre sacré des rites), un char de guerre était monté par trois hommes (l'officier, son écuyer et le conducteur), et était accompagné d'une escorte de quatre-vingt-dix-sept fantassins, partagés en deux corps, le premier de vingt-sept hommes placés sur les côtes et ayant pour mission de faciliter la marche, le second de soixante et dix voltigeurs servant d'arrière-garde

Le père et le fils se couchent et dorment dans le
même lit. Ils font évaporer au soleil l'eau de la mer
pour en obtenir du sel, et font fermenter le levain
du riz pour fabriquer du vin. S'il arrive qu'ils ren-
contrent des mets étrangers, ils les offrent tout
d'abord aux personnes honorables. Parmi les viandes
du pays, il y a celles de l'ours et du loup. On y
rencontre également beaucoup de porcs et de vo-
laille, mais on n'y trouve pas de bœufs, de moutons, d'ânes, ni de chevaux.

Le sol y est fertile. Les indigènes commencent
par brûler les herbes et amener de l'eau, puis après
avoir houé le terrain à une profondeur de quelques
pouces, ils le mettent en culture. Ils n'ont pas
d'autres produits extraordinaires. Ils s'adonnent au
meurtre et au brigandage; aussi les marchands
(étrangers) ne viennent-ils pas dans ce pays.

Les produits de la contrée sont : la cire jaune, l'or
natif, le poil de buffle, la chair de léopard. On va
les vendre dans les trois îles (*San-ya*). A côté de là
se trouvent les pays de *Pi-ché-yé*, de *Tan-ma-yen*[1], et
autres États.

AUTRE NOTICE[2].

Dans ce pays, il y a trois rois[3]. On appelle le

---

[1] Pays dont la position m'est inconnue.

[2] *Ti-t'ou-tsoung-yao*, section des peuples étrangers, fol. 202.

[3] Les historiens chinois placent vingt-cinq règnes de princes avant
l'année 1190, mais le nom du premier, 天舜 *T'ien-chün*, a seul

premier 中山王 *Tchoung-chan-wang* « le roi de la montagne du milieu; » le second 山南王 *Chan-nan-wang* « le roi du midi de la montagne; » et le troisième 山北王 *Chan-peh-wang* « le roi du nord de la montagne. » Sous les Han, les Tang et les Soung, ils n'ont pas eu de rapports avec la Chine. Sous la dynastie actuelle [1], au commencement de la période *Houng-wou* (1368-1398), les trois rois envoyèrent une ambassade pour apporter le tribut à la cour de Chine. Plus tard, le roi de la montagne du milieu[3] se rendit à la cour, et permit au prince royal et à deux mandarins d'entreprendre le voyage de Chine pour aller apprendre la grande étude (*Ta-hio*).

MOEURS. — Ils s'enlèvent les moustaches et la barbe, et se tracent des figures noires sur les mains. Leur bonnets sont couverts de plumes et leurs habits garnis de poils. Ils s'adonnent au brigandage et au meurtre. Ils font des sacrifices aux génies. Ils ne payent point d'impôts, ne connaissent pas les diffé-

été conservé. A la date que nous venons de citer, une nouvelle dynastie fut fondée par 天孫 *Sun-t'ien*, et, après trois générations, la dynastie primitive fut restaurée dans la personne de 英祖 *Ing-tsou*, descendant de Tien-tsun. Plus tard, à l'époque de 尚巴志 *Chang-pa-thi*, se formèrent les trois royaumes dont parle le *Ti-t'ou-tsòung-yào*. Le roi de la montagne du milieu finit par assujettir les deux autres, et devint ainsi monarque de Lou-tchou.

[1] La dynastie des Ming (1368-1616).

rentes périodes lunaires, et comptent l'année par le temps où les plantes fleurissent et par l'époque où elles se dessèchent. Au bas de la muraille de l'endroit où habite le roi, on a déposé une grande quantité de crânes comme ornement.

ILES. — 1° L'île de 高華嶼 *Kāo-hoa-yu*. Les Souï[1] y envoyèrent un général du titre de *Wôu-pœn* nommé Tch'în-lêng, à la tête d'un corps d'armée. Il s'empara de quelques centaines d'habitants, tant hommes que femmes, et s'en revint en Chine.

2° L'île de 彭湖島 *Poung-hou-tao*. Elle est située près des frontières des quatre divisions territoriales de la province de Fouh-kien, *Fouh-tchœou*, *Tsiouen-tchœou*, *Hing-hoa* et *Tchang-tchœou*. L'atmosphère y est pure et claire; cependant, vue de loin, cette île paraît obscurcie de fumée et de brouillards.

PRODUCTIONS. — L'arbre *teòu-leòu-chù*[2], qui ressemble à l'arbre *kŭh*[3] et possède un feuillage épais; le parfum de *soüh*[4].

---

[1] La dynastie des Souï dura de 581 à 618 de notre ère.
[2] Arbre non identifié.
[3] Espèce de citronnier.
[4] Substance non identifiée.